Für meinen Sohn Alain, der mit mir im »Waterside Inn« arbeitet.

Inhalt

Einleitung

Saucen sind die idealen Begleiter zu Fisch und Meeresfrüchten. Damit sie perfekt gelingen und ausgewogen zusammengestellt sind, gilt es, ein paar einfache Regeln zu befolgen. Edle Fische und Meeresfrüchte haben zartes, erlesenes Fleisch, das leichte, modern zubereitete Saucen verlangt. Ideal sind Nages (aromatische Brühen), aufgeschlagene Buttersaucen, Gemüse-Coulis und Sabayons, aber auch mit den unterschiedlichsten Zutaten aromatisierte Butter, die langsam über pochiertem oder gegrilltem Fisch schmilzt.

Zu diesen Saucen kann man Cognac, Sherry, Wein, frische Kräuter und Gewürze zugeben, aber wohldosiert, eher zurückhaltend, damit das delikate Aroma und die feine Textur des Fleisches der Fische und Meeresfrüchte betont wird. Und nur mit den frischesten Kräutern und Gewürzen entfalten diese Saucen ihren verführerischen Duft und den harmonischen Geschmack.

Meine Mutter pflegte immer zu sagen, daß Nahrungsmittel, die aus dem Wasser kommen, zu den aromatischsten, zartesten und natürlichsten gehören, die es gibt. Die Früchte des Meeres (und der Seen und Flüsse) brauchen nur ganz wenig Sauce; mit der richtigen aber gehen sie wunderbare Partnerschaften ein. Wenn meine Mutter *Moules marinières* zubereitete, stieg aus dem Topf frischer, salziger Seegeruch. Für dieses Gericht nahm sie nur Schalotten, nie Knoblauch. Knoblauch hielt sie für viel zu aggressiv für das delikate Muschelfleisch.

An Fest- und Feiertagen freuten wir uns immer auf die üppige, selbstgemachte Mayonnaise, die sie zu pochiertem, kaltem Dorschfilet servierte. Warum irgend jemand Mayonnaise im Glas kaufen sollte, war ihr völlig unverständlich. In der einen Hand hielt sie die Schüssel, in der anderen die Gabel; in ganz regelmäßigen Kreisbewegungen rührte sie die Mischung mit der Gabel und signalisierte mir mit den Augen, wann ich wieder etwas Öl in dünnem Strahl zufügen mußte. In weniger als 5 Minuten war die Schüssel voller cremiger, goldgelber Mayonnaise. Als Belohnung für meine Hilfe durfte ich immer die Gabel ablecken. Manchmal gab sie noch ein paar gehackte Blättchen von dem Estragon dazu, den sie am selben Morgen auf dem Markt gekauft hatte. Sie stellte ihre Kräuter immer in einem Glas Wasser auf das Fensterbrett. Sie waren so schön wie Blumensträuße. In meinem »Waterside Inn« verfahre ich, sehr zur Freude meiner Gäste, nach dem Prinzip meiner Mutter, der Einfachheit, wenn ich Saucen für Fisch und Meerestiere zubereite.

Noch ein kleiner Tip: Frische Fische und Meeresfrüchte müssen nicht in riesigen Wassermengen gewaschen werden, geschweige denn stundenlang eingeweicht werden. Es genügt, sie kurz mit fließendem kaltem Wasser abzuspülen und dann mit einem feuchten Tuch sorgfältig abzutupfen. So erhält man die Festigkeit und die Textur des Fleisches und bewahrt zugleich den Geschmack und das Aroma dieser Schätze aus dem Wasser.

Saucenzubereitung und Grundsaucen

In diesem Buch gibt es Saucen für jede Jahreszeit, für jeden Geschmack, für jede Gelegenheit. Manche sind im Nu zubereitet, andere brauchen etwas Zeit. Bei allen Saucen geht es mir darum, ein Gericht geschmacklich optimal abzurunden. Vor allem bei Fisch darf der feine Eigengeschmack nicht überdeckt werden.

Für alle Saucen, ob einfach oder raffiniert, sollten nur erstklassige Zutaten verwendet werden. Zutaten wie Kräuter, Gewürze, Wein, Spirituosen, Fonds, Fumets (Fischbrühe) und andere Würzmittel sollten mit der größtmöglichen Sorgfalt ausgewählt werden.

Entscheidend sind die richtigen Proportionen: Geschmacksintensive Zutaten, wie einige scharfe Gewürze, kräftig schmeckende Kräuter oder Alkohol, sollten stets sparsam und ausgewogen verwendet werden.

Praktische Tips

Menüplanung

Innerhalb eines Menüs nur eine der großen klassischen Saucen servieren; die anderen dezent und einfach halten.

Bei der Zusammenstellung des Menüs nach Möglichkeit auf Saucen verzichten, die die gleiche Farbe und Konsistenz oder eine ähnliche Geschmacksbasis haben, und nicht alle Saucen eines Menüs nur klassisch oder modern zubereiten.

Würzen

Salz und Pfeffer: Eine Sauce zunächst nur schwach salzen und immer erst dann mit Salz abschmecken, wenn sie die gewünschte Konsistenz erreicht hat. Erst kurz vor dem Servieren mit Pfeffer würzen, damit das Aroma und die frische Schärfe erhalten bleiben.

Safran: Safranfäden immer kurz zwischen den Fingerspitzen zerreiben, damit sich maximales Aroma entfalten kann. Dann in ganz wenig warmem Wasser einweichen.

Currypulver: Eine Prise Currypulver über schäumende Butter gestreut, verfeinert den Geschmack von gedämpftem Fisch, hellem Fleisch und Gemüse.

Schalotten: Nach dem Hacken werden Schalotten schnell bitter. Vor Verwendung in einer Sauce sollten sie deshalb kurz unter fließendem kaltem Wasser abgespült werden.

Sud von Schaltieren: Die Kochflüssigkeit von Austern und anderen Muscheln nicht weggießen, sondern in kleinen Mengen an Fischsaucen geben. Dieser aromatische Sud gibt den Saucen mehr Würze und Gehalt.

Essig und Zitrone: Etwas Essig oder Zitronensaft, kurz vor dem Servieren zugefügt, wirkt bei einer etwas langweilig schmeckenden Sauce manchmal Wunder.

Milchprodukte

Diese Zutaten spielen in der Saucenküche eine sehr wichtige Rolle.

Crème double und Crème fraîche: Diese dicke Sahne verträgt große Hitze außerordentlich gut. Häufig wird sie auch eingekocht und dient dann als Bindemittel. In erster Linie aber nimmt man sie zum Verfeinern von Saucen, die so eine cremige und samtige Konsistenz erhalten. Sie werden mit unterschiedlichem Fettgehalt angeboten.

Saure Sahne: Diese Sahne darf nicht über 80 °C erhitzt werden, weil sie sonst ausflockt. Als Zutat in einer heißen Sauce nimmt man die Sauce vom Herd, schlägt die Sahne unter, ohne die Sauce noch einmal aufkochen zu lassen. Die leicht säuerliche Sahne ist angenehm erfrischend und verfeinert viele kalte Saucen.

Frischkäse: Er ist ideal für kalorienarme Saucen. Frischkäse ist eine perfekte Grundlage für frische Sommersaucen; sein neutraler Geschmack verlangt allerdings kräftige Aromazutaten wie Gewürze und Kräuter.

Joghurt: In kleinen Mengen verwendet, verleiht Joghurt Fischsaucen ein feinsäuerliches Aroma.

Hartkäse: Die wichtigsten und besten Hartkäse sind Parmesan, Gruyère, Emmentaler und Cheddar. Ich bevorzuge mittelalte Käse mit ausgeprägtem, feinwürzigem Aroma. Diese Hartkäse werden in der Regel frisch gerieben zum Verfeinern einer Sauce verwendet. Bis sie ihre ganze Aromafülle entfalten, vergehen einige Minuten. Den Käse also zuerst sparsam verwenden, dann erst kosten und gegebenenfalls nachwürzen. Auf keinen Fall minderwertigen Käse verwenden.

Die Kräuter in das grüne Porreeblatt einwickeln und das Bouquet garni mit Küchengarn zusammenbinden.

Zubereitung und Aufbewahrung von Saucen

Zubereitungszeit: Die in diesem Buch genannten Zubereitungszeiten beziehen sich auf die bereits gewogenen und wie in der Zutatenliste beschrieben vorbereiteten Zutaten. Nicht berücksichtigt sind die Zeiten für Vorarbeiten wie etwa Schälen oder Blanchieren von Gemüse.

Garzeiten: Die für das Kochen und Reduzieren von Saucen angegebenen Zeiten dienen lediglich als Anhaltspunkt, da der Hitzegrad je nach Herdtyp und Topfart erheblich variieren kann. Ob die Sauce die gewünschte Konsistenz erreicht hat, läßt sich feststellen, wenn man etwas Sauce über einen Löffelrücken laufen läßt.

Passieren: Dünnflüssige Saucen gießt man direkt durch ein feinmaschiges Spitzsieb. Dickere Saucen werden am besten mit einem Löffel oder einem kleinen Schneebesen durch ein Sieb gestrichen.

Saucen warm halten: Für diesen Zweck empfiehlt sich ein Wasserbad. Butterflöckchen auf einer weißen Sauce verhindern, daß sich eine unschöne Haut an der Oberfläche bildet.

Kräuter und Gewürze

Kräuter sollten möglichst frisch gepflückt verwendet werden, denn die Frische der Zutaten trägt entscheidend zum Gelingen einer Sauce bei.

Getrocknete Kräuter sollten stets luftdicht verschlossen an einem kühlen, dunklen Ort aufbewahrt werden. Wenn Gewürze zu lange gelagert werden, büßen sie Farbe und Aroma ein.

Die beiden goldenen Regeln für die Verwendung von Kräutern und Gewürzen lauten:

Die Bestandteile eines klassischen Bouquet garni: Thymian, Lorbeerblatt, Petersilie und Porree.

- Kleine Mengen, aber von erstklassiger Qualität.
- Keine gegensätzlichen und dominanten Aromen mischen.

Wer sich an diese Regeln hält, wird eine Geschmackswelt entdecken, die durch ihre Vielfalt besticht – einfach und doch raffiniert.

Fines herbes ist die Bezeichnung für die klassische französische Kräutermischung. Sie besteht zu gleichen Teilen aus Kerbel, Schnittlauch, Petersilie und Estragon. Diese Kräuter sollten nicht gehackt, sondern mit der Küchenschere unmittelbar vor ihrer Verwendung kleingeschnitten werden.

Gemüsefond *Court-bouillon de légumes ou nage*

An einer Nage, einer aromatischen Gemüsebrühe, mag ich einen Hauch von Säure, deshalb auch der Essig in der Zutatenliste. Für einen Gemüsefond verzichte ich allerdings darauf. Die angegebene Gemüseauswahl läßt sich beliebig austauschen und erweitern. Im Sommer können Sie ein paar reife Tomaten zugeben und im Herbst frische Wildpilze.

Zutaten:

300 g Möhren, in Scheiben geschnitten
2 Porreestangen, nur die weißen Teile, in dünne Ringe geschnitten
100 g Selleriestangen, in dünne Scheiben geschnitten
50 g Fenchelknolle, in hauchdünne Scheiben geschnitten
150 g Schalotten, in dünne Ringe geschnitten
100 g Zwiebeln, in dünne Ringe geschnitten
2 Knoblauchzehen, ungeschält
1 Bouquet garni (s. S. 9)
250 ml trockener Weißwein
10 weiße Pfefferkörner, zerdrückt und in ein Stück Musselin eingebunden
3 EL Weißweinessig (nur für eine Nage)

Ergibt 1,5 l
Zubereitungszeit: 15 Minuten
Garzeit: 45 Minuten

Alle Zutaten, bis auf die Pfefferkörner, in einen großen Topf geben und mit 2 l Wasser bei starker Hitze zum Kochen bringen (1). Dann bei reduzierter Hitze 45 Minuten sanft köcheln lassen, dabei den Schaum nach Bedarf abschöpfen (2). Die eingebundenen Pfefferkörner 10 Minuten vor Ende der Garzeit dazugeben. Den fertigen Fond durch ein feinmaschiges Sieb in eine Schüssel seihen und rasch erkalten lassen (3) (s. unten).

Kühlen und Einfrieren eines Fonds

Um die Ausbreitung von Bakterien zu verhindern, gebe ich Eiswürfel in ein Gefäß und stelle die Schüssel mit dem kochendheißen Fond darauf, der auf diese Weise rasch abkühlt. Den kalten Fond fülle ich in gut schließende Behältnisse um, bewahre die benötigte Menge im Kühlschrank auf und friere den Rest ein. Alle Fonds halten sich einige Tage im Kühlschrank, tiefgefroren sind sie mehrere Monate haltbar.

3

❶

❷

❸

❹

Fischfond *Fumet de poisson*

Ein Fischfond eignet sich sehr gut als Basis für einen Aspik, der zu kaltem Fisch gereicht wird. Wenn man den Fond für Rotweinsauce verwenden will, den Weißwein durch Rotwein ersetzen.

Zutaten:

Ergibt 2 l
Zubereitungszeit: 20 Minuten
Garzeit: etwa 30 Minuten

1,5 kg Fischgräten, -köpfe und -flossen von Seezunge, Steinbutt, Merlan oder vergleichbaren Fischen mit magerem, weißem Fleisch, in Stücke gehackt
50 g Butter
2 Porreestangen, nur den weißen Teil, in dünne Ringe geschnitten
75 g Zwiebeln, in dünne Ringe geschnitten
75 g kleine Champignons, feinblättrig geschnitten
200 ml trockener Weißwein
1 Bouquet garni (s. S. 9)
2 Zitronenscheiben
8 weiße Pfefferkörner, zerdrückt und in Musselin eingebunden

5

6

7

Die Fischgräten und -abschnitte unter fließendem kaltem Wasser abspülen und gut abtropfen lassen (1). Das Gemüse in zerlassener Butter einige Minuten andünsten. Die Fischgräten und -abschnitte dazugeben (2), kurz mitkochen, dann mit dem Wein aufgießen (3). Bei mittlerer Hitze die Flüssigkeit um zwei Drittel einkochen lassen, dann mit 2,5 l kaltem Wasser aufgießen (4). Zum Kochen bringen, die Temperatur herunterschalten, entstandenen Schaum abschöpfen (5) und das Bouquet garni und die Zitronenscheiben zugeben. Bei milder Hitze 25 Minuten köcheln lassen, zwischendurch immer wieder abschäumen. Das Stoffsäckchen mit den Pfefferkörnern 10 Minuten vor Ende der Garzeit dazugeben (6). Den Fond durch ein feines Sieb gießen (7) und so schnell wie möglich erkalten lassen (s. S. 10).

Fisch-Velouté:

Einen Liter Fischfond mit 60 g Roux blanc (s. S. 14) mischen und eine halbe Stunde köcheln lassen. So erhält man eine exzellente Fischvelouté.

Roux blanc

Diese Mehlschwitze oder Einbrenne ist das klassische Bindemittel für weiße Saucen.

Zutaten:	*Ergibt 100 g*
50 g Butter	*Zubereitungszeit: 3 Minuten*
50 g Mehl, gesiebt	*Garzeit: 4 Minuten*

Die Butter in einem schweren Topf zerlassen (1). Den Topf vom Herd nehmen, das Mehl hineinstreuen (2) und mit einem kleinen Schneebesen oder Holzlöffel unterrühren (3), dann bei mittlerer Hitze 3 Minuten unter kräftigem Rühren anschwitzen. Die Mischung in eine Schüssel umfüllen und abgedeckt bis zur Weiterverwendung bei Zimmertemperatur aufbewahren. Im Kühlschrank hält sich die Mischung mehrere Tage.

Roux blond

Diese Einbrenne dient zum Andicken von Veloutés und Saucen, bei denen eine neutrale Farbe erwünscht ist.

Zutaten:	*Ergibt 100 g*
50 g Butter	*Zubereitungszeit: 3 Minuten*
50 g Mehl, gesiebt	*Garzeit: 6 Minuten*

Die Butter in einem schweren Topf zerlassen. Den Topf vom Herd nehmen und das Mehl (1) mit einem kleinen Schneebesen oder Holzspatel unterrühren (2). Die Mischung bei mittlerer Hitze 5 Minuten unter kräftigem Rühren anschwitzen, bis das Mehl etwas Farbe angenommen hat (4). Die Mehlschwitze in eine Schüssel füllen und abgedeckt bei Zimmertemperatur aufbewahren.

Mayonnaise *Sauce mayonnaise*

Eine Mayonnaise läßt sich beliebig abwandeln und paßt ausgezeichnet zu kalt servierten Meeresfrüchten, wie Krabben, Hummer und Scampi, aber auch zu pochiertem Fisch, wie Lachs, Seehecht und Kabeljau; die Liste ließe sich endlos fortsetzen. Cremiger wird die Mayonnaise, wenn man nach der Zugabe von Essig oder Zitronensaft zwei Eßlöffel Crème double unter die Emulsion rührt. Wenn man mit dem Zitronensaft sehr großzügig umgeht, erhält man Zitronenmayonnaise, die besonders pikant ist.

Zutaten: *Für 4 Personen*

Zubereitungszeit: 5 Minuten

2 Eigelb
1 EL scharfer Dijon-Senf
250 ml Erdnußöl
1 EL Weißweinessig oder
1 EL Zitronensaft
Salz und frisch gemahlener Pfeffer
Alle Zutaten sollen Raumtemperatur haben.

Ein sauberes Geschirrtuch auf der Arbeitsfläche ausbreiten und eine Rühr- oder Salatschüssel daraufstellen. Das Eigelb mit dem Senf und etwas Salz und Pfeffer in die Schüssel geben und mit einem Schneebesen verrühren. Das Öl erst tropfenweise und dann in feinem Strahl unter ständigem Schlagen mit dem Schneebesen dazufließen lassen. Sobald das ganze Öl untergeschlagen ist, 30 Sekunden kräftig weiterrühren, bis die Masse dick und glänzend geworden ist, dann den Essig oder den Zitronensaft unterrühren. Die Mayonnaise mit Salz und Pfeffer abschmecken.

Abgedeckt mit Frischhaltefolie, kann die fertige Mayonnaise bis zum Gebrauch bei Zimmertemperatur aufbewahrt werden. Es ist jedoch nicht ratsam, sie länger als ein paar Stunden aufzuheben.

Mayonnaise paßt sehr gut zu allen Krustentieren. Sie läßt sich durch Zugabe von etwas Crème double verfeinern.

Rezepte

Meeresfrüchtesauce mit Safran zu Tagliatelle.

Die Saucen sollten immer delikat und leicht sein und mit den Fischen oder Meeresfrüchten, zu denen sie gereicht werden, geschmacklich und farblich harmonieren und keinesfalls deren Eigengeschmack überdecken. Das gilt vor allem für weißfleischigen Fisch.

Fisch serviere ich am liebsten mit einer Nage, einer leichten gewürzten Brühe, die ich nur mit einem Hauch frischer Kräuter ahreichere, zum Beispiel mit Kerbel, Basilikum oder Estragon. Ich bevorzuge knapp gegarten Fisch, das heißt, das Fleisch bleibt glasig und der Kern sollte noch fast roh sein. So bleibt der Fisch schön saftig. Die Sauce sollte sein feines Aroma und den frischen Meeresgeschmack unterstützen.

Saucen, die zu Krustentieren serviert werden, dürfen ruhig etwas kräftiger sein, angereichert mit geschmacksintensiven Kräutern und Gewürzen, die dem Gericht, zu dem sie serviert werden, mehr Ausdruck und Raffinesse geben. Die Basis für viele Saucen zu Fisch und Krustentieren ist oft ein trockener Weißwein, es gibt aber auch Abwandlungen mit Bier, Champagner, Wermut oder gar süßem Sauternes.

Frischkäsesauce mit Curry

Sauce au fromage blanc au parfum de curry

Diese Sauce ist ein idealer Begleiter zu gekochten Muscheln, die kalt serviert werden. Die Currymenge ist natürlich eine Frage des persönlichen Geschmacks.

Zutaten:
100 ml Milch
1 EL Currypulver
300 g Frischkäse, Fettgehalt nach Geschmack
Salz und frisch gemahlener Pfeffer

Für 6 Personen
Zubereitungszeit: 3 Minuten
Garzeit: 2 Minuten

Die Milch in einem kleinen Topf zum Kochen bringen, das Currypulver hineinstreuen und 2 Minuten leise köcheln lassen, dann bei Zimmertemperatur völlig erkalten lassen.

Die erkaltete Currymilch durch ein feinmaschiges Sieb in eine Schüssel abseihen und mit dem Frischkäse zu einer glatten Sauce verrühren. Mit Salz und Pfeffer abschmecken und servieren.

Joghurtsauce *Sauce au yoghourt*

Diese erfrischende Sauce paßt vorzüglich zu kaltem Gemüse, kalten Nudelgerichten und Fisch.

Zutaten:
600 ml Naturjoghurt
100 g Mayonnaise (s. S. 15)
2 EL fein geschnittene frische Kräuter nach Wahl (zum Beispiel Kerbel, Petersilie, Schnittlauch, Estragon)
1 mittelgroße Fleischtomate, gehäutet, entkernt und gewürfelt
1 Prise Cayennepfeffer oder 4 Tropfen Tabasco
Salz

Für 8 Personen
Zubereitungszeit: 10 Minuten

Alle Zutaten gut miteinander verrühren. Die Sauce ist fertig und kann gleich serviert werden.

Ziegenfrischkäsesauce mit Rosmarin

Sauce au fromage de chèvre frais et au romarin

Die ideale Sauce zu einer Rohkostplatte oder zu kalten Gerichten, zum Beispiel zu pochiertem Fisch, gebratenem oder pochiertem Huhn oder zu Riesengarnelen und Shrimps.

Zutaten:

250 ml Milch (falls der Frischkäse sehr weich ist, genügen 150–200 ml)
30 g frischer Rosmarin
300 g Ziegenfrischkäse, durchgerührt
Salz und frisch gemahlener Pfeffer

Für 6 Personen
Zubereitungszeit: 3 Minuten

Die Milch in einem kleinen Topf zum Kochen bringen. Den Rosmarin hineingeben, Deckel auflegen und den Topf vom Herd ziehen. Den Rosmarin in der Milch ziehen lassen, bis sie völlig erkaltet ist. Die kalte Milch abseihen, unter den Frischkäse rühren und mit Salz und Pfeffer abschmecken. Die Sauce kann sofort serviert werden.

Grätensauce *Sauce à l'arête*

Diese Sauce ist im Handumdrehen fertig, angenehm leicht und trotzdem sehr aromatisch. Sie paßt ausgezeichnet zu pochiertem Fisch oder zu gedämpften Jakobsmuscheln.

Zutaten:

150 g gekühlte Butter, gewürfelt
40 g Schalotten, gehackt
200 g Gräten von Seezunge, Steinbutt oder anderen weißfleischigen Fischen, gehackt
100 ml trockener Weißwein
100 ml kaltes Wasser
1 Zweig Thymian
1 Spritzer Zitronensaft
Salz und frisch gemahlener Pfeffer

Für 4 Personen
Zubereitungszeit: 10 Minuten
Garzeit: 10 Minuten

In einem kleinen Saucentopf 50 g Butter zerlassen. Die Schalotten und die Gräten zugeben und 3 Minuten unter Rühren mit einem Holzlöffel anschwitzen. Mit dem Wein aufgießen und 2 Minuten kochen lassen. Das Wasser und den Thymian zugeben und 3 Minuten bei kräftiger Hitze weiterkochen lassen, dabei eventuell entstandenen Schaum abschöpfen. Die restliche Butter stückchenweise unterarbeiten und den Zitronensaft zugießen. Die Sauce mit Salz und Pfeffer abschmecken, durch ein feinmaschiges Sieb passieren und sofort servieren.

Spargel-Coulis *Coulis d'asperges*

Diese delikate Sauce ist fast so leicht wie eine Nage und paßt gut zu gedämpftem Fisch.

Zutaten:
350 g Spargel, möglichst dünne Stangen
50 g Butter
80 g Schalotten, gehackt
1 Zweig frischer Thymian
300 ml Gemüsefond (s. S. 10)
500 ml Crème double
1 TL Sojasauce (nach Belieben)
Salz und frisch gemahlener Pfeffer

Für 8 Personen
Zubereitungszeit: 10 Minuten
Garzeit: etwa 40 Minuten

Die Spargelstangen schälen. Die Spargelspitzen abschneiden und in kochendem Salzwasser blanchieren. Anschließend kurz in Eiswasser abschrecken, abtropfen lassen und beiseite stellen. Die Butter in einem Topf zerlassen, die rohen, grob gehackten Spargelstangen und die Schalotten zugeben und 5 Minuten andünsten. Den Thymian mit dem Fond hinzufügen und das Ganze bei mittlerer Hitze 15 Minuten kochen. Die Sahne zugießen und alles bei erhöhter Temperatur um ein Drittel einkochen. 3 Minuten im Mixer pürieren und dann durch ein feines Spitzsieb streichen. Abschmecken, nach Belieben mit der Sojasauce würzen. Den fertigen Coulis warm halten und erst kurz vor dem Servieren die Spargelspitzen unterheben.

Leichter Möhren-Coulis *Coulis léger de carottes*

Dieser Coulis paßt gut zu gebratenen Jakobsmuscheln und zu gegrilltem weißfleischigem Fisch.

Zutaten:
3 Möhren (etwa 250 g)
Saft von 2 Orangen
200 ml Gemüsefond (s. S. 10)
3 g frisch geriebener Ingwer
60 g Butter, eisgekühlt und gewürfelt
Salz und frisch gemahlener Pfeffer

Für 6 Personen
Zubereitungszeit: 5 Minuten
Garzeit: etwa 10 Minuten

Die Möhren schälen, in kleine Stücke schneiden, dann mit dem Orangensaft und dem Gemüsefond in der Küchenmaschine fein pürieren. Die Masse in einen Topf geben und bei starker Hitze etwa 10 Minuten einkochen lassen, bis der Coulis leicht am Löffel haftet. Den Ingwer zugeben, den Topf von der Kochstelle nehmen und die Butter stückchenweise unterschlagen. Den Coulis mit Salz und Pfeffer abschmecken, durch ein Spitzsieb seihen und sofort servieren.

Porree-Coulis mit Curry *Coulis de poireaux au curry*

Festfleischiger Fisch – gegrillt oder gebraten – zum Beispiel Seeteufel oder Steinbutt, aber auch Scampi nach Müllerin-Art, angerichtet auf einem Bett aus dieser delikaten Sauce, sind ein echter Genuß.

Zutaten:

500 g zarte kleine oder mittelgroße Porreestangen
40 g Butter
½ TL Currypulver
250 ml Geflügelfond oder Gemüsefond (s. S. 10)
300 ml Crème double
1 TL Senfpulver
Salz und frisch gemahlener Pfeffer

Für 8 Personen
Zubereitungszeit: 10 Minuten
Garzeit: etwa 40 Minuten

Den grünen Teil der Porreestangen und die Wurzelverdickung abschneiden. Die Stangen vom grünen Ende her einmal einschneiden, unter fließendem kaltem Wasser gründlich waschen und anschließend in feine Ringe schneiden. Den Porree in kochendem Salzwasser blanchieren, in reichlich Eiswasser abschrecken und gut abtropfen lassen.

Die Butter in einem schweren Topf zerlassen und den Porree 10 Minuten andünsten. Mit dem Currypulver bestreuen, dann den Fond angießen und bei mittlerer Hitze 10 Minuten kochen. Die Crème double und das Senfpulver zugeben und noch 10 Minuten köcheln lassen, dann alles im Mixer 5 Minuten pürieren. Den Coulis durch ein feinmaschiges Spitzsieb streichen, mit Salz und Pfeffer abschmecken und bis zum Servieren warm halten, aber nicht noch einmal aufkochen lassen.

Garnelenbutter *Beurre de crevettes*

Ein Stück Garnelenbutter gibt in der Pfanne gebratenem oder gegrilltem Fisch eine besondere Note. Auch zum Anreichern einer Fischsauce ist diese Buttermischung vorzüglich geeignet.

Zutaten:
150 g frische Garnelen
150 g weiche Butter
Cayennepfeffer, nach Belieben

Ergibt etwa 220 g
Zubereitungszeit: 10 Minuten

Die Garnelen unter kaltem Wasser abspülen, dabei darauf achten, daß eventuell anhaftende Eier nicht entfernt werden. Die Garnelen gut abtropfen lassen und mit einem sauberen Geschirrtuch trockentupfen.

Die Garnelen mit der Butter in einen Mixer geben (1). Mit einer Prise Cayennepfeffer würzen. Die Zutaten im Mixer in etwa 3 Minuten zu einer glatten Paste verarbeiten (2). Oder alle Zutaten im Mörser fein zerreiben. Die gewürzte Butter durch ein feinmaschiges Sieb streichen (3), um Schalenreste zu entfernen. Die Butter in Folie zu Rollen formen und bis zur Verwendung im Kühlschrank aufbewahren oder einfrieren.

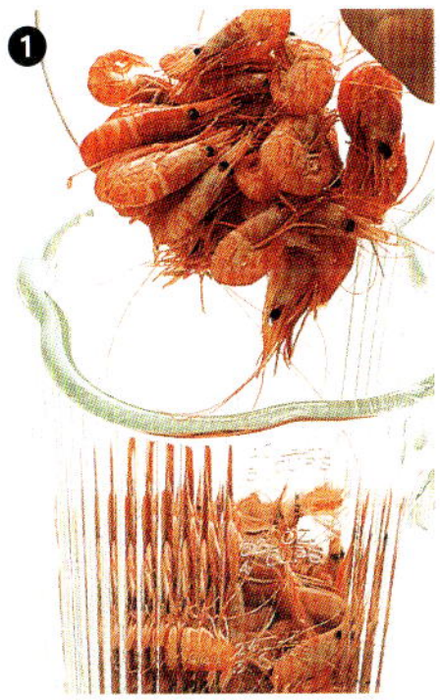

Gebratener Fisch mit einer Scheibe Garnelenbutter.

Scampibutter *Beurre de langoustines*

Fischsaucen, die mit dieser Buttermischung angereichert werden, erhalten ein delikates Schaltieraroma.

Zutaten:
50 g Butter, vorzugsweise geklärt
1 kleine Möhre, fein gewürfelt
1 mittelgroße Zwiebel, fein gewürfelt
12 Flußkrebse oder Scampi
5 EL Cognac oder Armagnac
200 ml Weißwein
1 kleines Bouquet garni (s. S. 9)
2 Prisen Cayennepfeffer
Weiche Butter, $^{3}/_{4}$ vom Gewicht der gegarten Krustentierköpfe und -scheren
Salz und frisch gemahlener Pfeffer

Ergibt etwa 500 g
Zubereitungszeit: 15 Minuten
Garzeit: etwa 20 Minuten

Die Butter in einer Pfanne zerlassen, die Möhre und die Zwiebel darin andünsten. Das Gemüse mit einem Schaumlöffel herausheben und beiseite stellen.

Scampi oder Flußkrebse in die Pfanne geben und bei starker Hitze kurz sautieren. Den Alkohol zugießen, anzünden und mit dem Weißwein ablöschen. Das gedünstete Gemüse, das Bouquet garni, Cayennepfeffer und eine Prise Salz zugeben und das Ganze bei schwacher Hitze 10 Minuten köcheln lassen. Den Pfanneninhalt in eine Schüssel umfüllen und bei Zimmertemperatur völlig erkalten lassen.

Anschließend Köpfe und Scheren der Krustentiere abtrennen. Die Schwänze als Vorspeise für einen Salat oder für Canapés zurückbehalten. Köpfe und Scheren mitsamt dem herausgelösten cremigen Fleisch auswiegen und mit $^{3}/_{4}$ des Gewichts an weicher Butter und dem gewürfelten Gemüse in einen Mixer oder eine Küchenmaschine geben und fein pürieren. Diese Masse durch ein feinmaschiges Sieb streichen und anschließend mit Salz und Pfeffer abschmecken. Die fertige Butter in Folie zu Rollen formen und bis zum Gebrauch im Kühlschrank aufbewahren oder einfrieren.

Pistazienbutter *Beurre de pistaches*

Ich nehme diese Buttermischung für meine Sauternes-Sauce mit Pistazien (s. S. 44) oder runde damit eine Hollandaise (s. S. 49) ab.

Zutaten:
100 g rohe geschälte Pistazien
150 g weiche Butter
Salz und frisch gemahlener Pfeffer

Ergibt etwa 250 g
Zubereitungszeit: 7 Minuten

Die Pistazien mit einem Eßlöffel Wasser im Mörser oder Mixer zu einer feinen Paste verarbeiten. Die Butter auf einmal dazugeben, gründlich verrühren und mit Salz und Pfeffer abschmecken, anschließend durch ein feines Sieb streichen. Die fertige Buttermischung in Folie zu einer Rolle formen und bis zur Verwendung im Kühlschrank aufbewahren oder einfrieren.

Sardellenbutter *Beurre d'anchois*

Eine feine Buttermischung zu gegrilltem Fisch oder zum Bestreichen von Canapés.

Zutaten:
50 g Sardellenfilets in Öl
150 g weiche Butter
Salz und frisch gemahlener Pfeffer

Ergibt etwa 180 g
Zubereitungszeit: 7 Minuten

Die Sardellenfilets hacken oder im Mörser zerkleinern. Mit einem Holzlöffel unter die Butter rühren und diese Mischung anschließend durch ein feinmaschiges Sieb streichen oder im Mixer fein pürieren. Mit Salz und Pfeffer abschmecken. Die fertige Butter in Folie zu einer Rolle formen und bis zur Verwendung im Kühlschrank aufbewahren oder einfrieren.

1

2

3

4

Crustacea-Öl *Huile de crustacés*

Dieses delikate Öl zählt zu meinen liebsten Ölen. Es ergibt ein vorzügliches Dressing für phantasievolle Salate aus Meeresfrüchten oder auch für warmen Spargel.

Zutaten:

1 kg Scampi oder Flußkrebse, in Salzwasser gegart
1/2 Knoblauchknolle, ungeschält
1 Zweig frischer Thymian
2 Lorbeerblätter
1 kleines Bund Estragon
1 TL ganze weiße Pfefferkörner
1/2 TL ganze Korianderkörner
Etwa 1 l Erdnuß- oder Olivenöl
Salz

Ergibt etwa 1 l
Zubereitungszeit: 20 Minuten und 3 Stunden für das Trocknen der Krustentiere
Sterilisierzeit: 35–45 Minuten

Den Backofen auf 120 °C vorheizen. Die Augen der Krustentiere entfernen und die Köpfe, Scheren und Schwänze abtrennen (1). Die Schwänze zum Garnieren für Fischgerichte zurücklegen oder für einen Salat verwenden. Die Köpfe und Scheren mit einem schweren Kochmesser grob zerkleinern, in einen Bräter geben (2) und im Backofen in 3 Stunden mehr trocknen als garen lassen. Die getrockneten Köpfe und Scheren zusammen mit den Aromazutaten in ein ausreichend großes, absolut sauberes Einmachglas füllen, dieses bis 5 cm unter den Rand mit Öl aufgießen und fest verschließen (3).

Zum Sterilisieren benötigt man einen ausreichend großen Topf für das Einmachglas. Den Topfboden und die Ränder mit Alufolie auskleiden, damit das Glas nicht zerspringt, falls es gegen den Topfrand stößt. Das Einmachglas in den Topf stellen (4) und diesen bis knapp unter den Rand des Glases mit Salzwasser (300 g Salz auf 1 l Wasser) füllen. Das Wasser bei starker Hitze zum Kochen bringen und 35 bis 45 Minuten – je nach Größe des Glases – köcheln lassen.

Nach dem Sterilisieren das Glas bei Zimmertemperatur im Wasser erkalten lassen und anschließend das Öl bis zum Gebrauch mindestens 1 Woche im Kühlschrank durchziehen lassen. Kühl aufbewahrt hält es sich ungeöffnet mehrere Monate. Nach dem Öffnen das Öl in eine saubere Flasche abgießen. Im Kühlschrank ist es dann noch wochenlang haltbar.

Meeresfrüchtesauce mit Safran

Sauce aux fruits de mer safranée

Eine wunderbare Sauce zu pochierten Meeresfrüchten, aber auch für Tagliatelle.

Zutaten:
350 ml Garflüssigkeit von Muscheln, wie Miesmuscheln, Jakobsmuscheln, Austern, Venusmuscheln usw.
250 ml Fischfond (s. S. 13) oder Garflüssigkeit von Scampi
1 Prise Safranfäden
200 ml Crème double
Salz und frisch gemahlener weißer Pfeffer

Für 4 Personen
Zubereitungszeit: 10 Minuten
Garzeit: etwa 20 Minuten

Muschelbrühe und Fond in einen Topf geben, bei starker Hitze zum Kochen bringen und um zwei Drittel einkochen. Safran und Crème double zugeben und 5 Minuten köcheln lassen, bis die Sauce sämig ist. Die fertige Sauce durch ein Spitzsieb seihen und abschmecken. Für eine kalorienarme Sauce kann die Crème double durch Frischkäse ersetzt werden, dann darf die Sauce aber keinesfalls mehr kochen. Sie wird vor dem Servieren am besten kurz im Mixer aufgeschlagen.

Champagnersauce *Sauce Champagne*

Diese Sauce paßt ausgezeichnet zu pochiertem weißfleischigem Fisch.

Zutaten:
50 g Butter
60 g Schalotten, in hauchdünne Ringe geschnitten
60 g kleine Champignons, feinblättrig geschnitten
400 ml Champagner brut
300 ml Fischfond (s. S. 13)
500 ml Crème double
Salz und frisch gemahlener weißer Pfeffer

Für 8 Personen
Zubereitungszeit: 10 Minuten
Garzeit: etwa 50 Minuten

In einem Topf 20 g Butter zerlassen. Die Schalotten darin 1 Minute andünsten, ohne daß sie bräunen. Die Pilze zugeben und 2 Minuten unter ständigem Rühren mit einem Holzlöffel dünsten. Mit Champagner aufgießen und alles bei mittlerer Hitze um ein Drittel einkochen. Den Fond zugießen und die Flüssigkeit zur Hälfte einkochen lassen. Die Crème double zugeben und die Sauce so stark einkochen, bis sie sämig ist. Die Sauce durch ein Spitzsieb in einen sauberen Topf abseihen. Die restliche Butter stückchenweise unterschlagen, dann die Sauce abschmecken. Schaumiger wird die Sauce, wenn man sie vor dem Servieren im Mixer aufschlägt.

Nantua-Sauce *Sauce Nantua*

Eine exzellente Sauce zu Scampi, Jakobsmuscheln und allen Fischen mit festem weißem Fleisch, die noch raffinierter schmeckt, wenn man sie kurz vor dem Servieren mit einem Eßlöffel feingeschnittenem Estragon verfeinert.

Zutaten:

120 g Butter
60 g Schalotten, in hauchdünne Ringe geschnitten
60 g kleine Champignons, feinblättrig geschnitten
16 Flußkrebs- oder Scampiköpfe, roh oder gegart, grob zerkleinert
2 EL Cognac, 150 ml trockener Weißwein
300 ml Fischfond (s. S. 13)
1 kleines Bouquet garni (s. S. 9) mit 1 oder 2 Zweigen Estragon
80 g Tomaten, gehäutet und entkernt
1 Prise Cayennepfeffer
300 ml Crème double
Salz und frisch gemahlener Pfeffer

Für 8 Personen
Zubereitungszeit: 20 Minuten
Garzeit: etwa 50 Minuten

In einer Sauteuse 40 g Butter bei schwacher Hitze zerlassen. Die Schalotten und die Pilze darin 1 Minute andünsten. Die Flußkrebs- oder Scampiköpfe hinzufügen, die Hitzezufuhr erhöhen und alles 2 bis 3 Minuten unter ständigem Rühren kräftig anbraten.

Den Cognac zugießen und anzünden. Mit dem Wein ablöschen und die gesamte Flüssigkeit um die Hälfte reduzieren, dann den Fischfond zugießen. Alles zum Kochen bringen, die Temperatur herunterschalten, so daß die Sauce nur noch leise köchelt. Das Bouquet garni, Tomaten, Cayennepfeffer und etwas Salz zugeben und alles 30 Minuten köcheln lassen.

Die Crème double unterrühren und die Sauce weitere 10 Minuten köcheln lassen. Das Bouquet garni entfernen und den Topfinhalt im Mixer 2 Minuten pürieren. Die Sauce durch ein feinmaschiges Spitzsieb in einen sauberen Topf abseihen, wieder zum Kochen bringen und mit Salz und Pfeffer abschmecken. Den Topf vom Herd nehmen und die restliche Butter stückchenweise unterschlagen, bis die Sauce glatt und glänzend ist. Sie sollte sofort serviert werden.

Amerikanische Sauce *Sauce américaine*

Ein Star unter den klassischen Saucen. Die Zubereitung braucht etwas Zeit, aber der Aufwand lohnt sich.

Für 6 Personen
Zubereitungszeit: 40 Minuten
Garzeit: etwa 1 Stunde

Zutaten:

1 lebender Hummer (etwa 800–1000 g)
100 ml Erdnußöl
4 EL sehr fein gewürfelte Möhren
2 EL sehr fein gewürfelte Schalotten oder Zwiebeln
2 Knoblauchzehen, ungeschält, zerdrückt
50 ml Cognac oder Armagnac
300 ml trockener Weißwein
300 ml Fischfond (s. S. 13)
200 g vollreife Tomaten, gehäutet, entkernt und gehackt
1 Bouquet garni (s. S. 9) mit einem Zweig Estragon
60 g Butter
10 g Mehl
1 Prise Cayennepfeffer
75 ml Crème double (nach Belieben)
Salz und frisch gemahlener Pfeffer

Einen großen Topf mit gesalzenem Wasser zum Kochen bringen. Den Hummer unter fließendem kaltem Wasser abbürsten und mit dem Kopf voraus 45 Sekunden in das kochende Wasser tauchen. Den Hummer herausnehmen und abtropfen lassen. Den Kopf, die Scheren und den Schwanz abtrennen und den Schwanz an den Gelenken in Scheiben (1) schneiden. Das Kopfstück längs halbieren und den Magensack (2) entfernen. Das grünliche Corail aus dem Kopfteil herauslösen (3) und beiseite stellen. Den Hummer mit Salz, Pfeffer und etwas Cayenne würzen.

Das Erdnußöl in einer Bratpfanne oder einem flachen Topf stark erhitzen. Sobald es sehr heiß ist, alle Hummerteile hineingeben (4) und kräftig anrösten (5). Die Teile mit einem Schaumlöffel herausnehmen (6) und auf eine Platte legen. Das Bratfett abgießen.

In derselben Pfanne Möhren, Schalotten und Knoblauch leicht andünsten, die Hummerteile in den Topf geben und mit Cognac flambieren. Mit Wein und Fischfond ablöschen, dann die Tomaten, das Bouquet garni und eine Prise Salz zugeben. Sobald die Mischung kocht, die Temperatur reduzieren und alles 15 Minuten köcheln lassen. Die Scheren- und Schwanzstücke des Hummers herausnehmen und zur Seite stellen. Die Sauce weitere 30 Minuten leise köcheln lassen und alle 15 Minuten abschäumen.

Mit einer Gabel das Corail mit Butter und Mehl verkneten. Diese Masse nach und nach zur Sauce geben (7), 5 Minuten weiterkochen lassen, dann nach Belieben die Crème double unterrühren und die Sauce durch ein Sieb streichen (8). Mit Salz und Pfeffer abschmecken. Das zurückbehaltene Hummerfleisch würfeln und kurz vor dem Servieren an die Sauce geben.

Rotweinsauce *Sauce lie de vin*

Diese charaktervolle, kräftige Sauce paßt sehr gut zu Lachs, Meerbarbe oder Thunfisch-Escalopes.

Zutaten:
300 ml körperreicher Rotwein, vorzugsweise Bordeaux
500 ml Fischfond (s. S. 13), zubereitet mit Rotwein
50 g Schalotten, in Scheiben geschnitten
60 g Champignons, fein geschnitten
1 kleines Bouquet garni (s. S. 9)
50 ml Crème double
200 g Butter, gewürfelt
Salz und frisch gemahlener Pfeffer

Für 8 Personen
Zubereitungszeit: 5 Minuten
Garzeit: etwa 40 Minuten

Alle Zutaten bis auf die Crème double und die Butter in einen Topf geben und die Flüssigkeit bei mittlerer Hitze etwas einkochen lassen; sie sollte am Ende eine sirupartige Konsistenz haben. Das Bouquet garni herausnehmen, die Crème double unterrühren und alles kurz aufwallen lassen, dann die Sauce durch ein feinmaschiges Spitzsieb in einen sauberen Topf seihen. Die Butter stückchenweise unterschlagen, bis die Sauce bindet und glänzend ist. Mit Salz und Pfeffer abschmecken und sofort servieren.

Bercy-Sauce *Sauce Bercy*

Diese klassische Fischsauce paßt gut zu allen Fischen, ob mit hellem oder dunklerem Fleisch.

Zutaten:
60 g Butter
60 g Schalotten, sehr fein gehackt
200 ml trockener Weißwein
150 ml Fischfond (s. S. 13)
400 ml Fisch-Velouté (s. S. 13)
Saft von ½ Zitrone
2 EL gehackte Petersilie
Salz und frisch gemahlener Pfeffer

Für 6 Personen
Zubereitungszeit: 10 Minuten
Garzeit: etwa 35 Minuten

In einem Topf 20 g Butter zerlassen und die gehackten Schalotten 1 Minute darin andünsten. Mit dem Weißwein und dem Fischfond aufgießen und die Flüssigkeit bei mittlerer Hitze um die Hälfte einkochen. Die Fisch-Velouté zugießen und 20 Minuten sanft köcheln lassen. Die Sauce sollte anschließend so dickflüssig sein, daß sie am Löffel haftet. Falls sie zu dünn ist, 5 bis 10 Minuten weiterkochen.

Den Herd ausschalten und die restliche Butter und den Zitronensaft unterrühren. Die Sauce mit Salz und Pfeffer abschmecken, die Petersilie unterziehen und sofort servieren.

Tomaten-Nage *Nage de tomates*

Diese leichte Sauce paßt sehr gut zu pochierten Krustentieren, aber auch zu gegrilltem Fisch.

Zutaten:

350 g vollreife Tomaten, gehäutet, entkernt und gehackt
50 g Schalotten, in Ringe geschnitten
50 g Champignons, fein geschnitten
1 Zweig Thymian
1 Lorbeerblatt
250 ml Gemüsefond (s. S. 10)
1 Prise Zucker
50 ml Crème double
250 g Butter
Salz und frisch gemahlener Pfeffer

Für 8 Personen
Zubereitungszeit: 15 Minuten
Garzeit: 25 Minuten

Alle Zutaten bis auf die Crème double und die Butter in einen Topf geben und bei mittlerer Hitze aufkochen. Sobald die ersten Bläschen aufsteigen, die Temperatur herunterschalten und die Flüssigkeit langsam um zwei Drittel einkochen lassen. Dann die Crème double zugießen und 3 Minuten köcheln lassen. Den Topf vom Herd nehmen und die Butter stückchenweise unterschlagen. Anschließend die Sauce durch ein feinmaschiges Spitzsieb in einen sauberen Topf gießen und mit Salz und frisch gemahlenem Pfeffer abschmecken. Die Nage ist fertig und kann sofort serviert werden.

Fisch-Fumet mit Tomaten und Basilikum

Fumet de poissons à la tomate et au basilic

Dieser sommerliche Fumet enthält kein Fett und paßt gut zu gedämpftem Fisch.

Zutaten:

600 ml Fischfond (s. S. 13)
Salz und frisch gemahlener Pfeffer

Für 6 Personen
Zubereitungszeit: 5 Minuten
Garzeit: etwa 30 Minuten

Zum Klären:
500 g vollreife Tomaten, gehackt
1 rote Paprikaschote, in Ringe geschnitten
50 g Basilikum, grob gehackt
4 Eiweiß
8 Pfefferkörner, zerdrückt

Die Zutaten zum Klären des Fumets sorgfältig mischen. Den Fischfond in einen Topf gießen und die Mischung zum Klären zugeben. Bei mittlerer Hitze alles zum Kochen bringen, dabei alle 5 Minuten mit einem Holzlöffel umrühren. Sobald die Flüssigkeit kocht, die Temperatur herunterschalten und 20 Minuten sanft köcheln lassen. Den geklärten Fumet durch ein feinmaschiges Spitzsieb seihen, mit Salz und Pfeffer abschmecken und sofort servieren.

Tomaten häuten: Die Tomaten auf der Oberseite kreuzweise einritzen, kurz (etwa 10–20 Sekunden) in kochendes Wasser tauchen, bis sich die eingeritzte Haut kräuselt, dann herausnehmen und in Eiswasser abschrecken. Die Tomaten mit einem Drahtlöffel herausheben und die Haut abziehen.

Gekochter Tomaten-Coulis *Coulis de tomates cuites*

Diese vielseitig verwendbare Tomatensauce kommt in meiner Küche häufig auf den Tisch. Sie ist ein Genuß zu gegrilltem Fisch, und kleine Mengen davon verfeinern eine Fischsauce oder zum Beispiel eine Béchamelsauce (s. S. 58) für ein Nudelgratin.

Für 4 Personen
Zubereitungszeit: 5 Minuten
Garzeit: etwa 1 Stunde

Zutaten:

150 ml Olivenöl
2 Knoblauchzehen, zerdrückt
60 g Schalotten, fein gehackt
1 kleines Bouquet garni (s. S. 9) mit reichlich Thymian
750 g vollreife Fleischtomaten, gehäutet, entkernt und gehackt
1 EL Tomatenmark (nur für den Fall, daß die Tomaten nicht reif genug sind)
1 Prise Zucker
6 Pfefferkörner, zerdrückt
Salz und frisch gemahlener Pfeffer

In einem schweren Topf das Olivenöl mit Knoblauch, Schalotten und Bouquet garni erwärmen. Nach 2 Minuten die Tomaten (1), gegebenenfalls auch das Tomatenmark, eine Prise Zucker und die zerdrückten Pfefferkörner zugeben und das Ganze etwa 1 Stunde bei sehr milder Hitze kochen, bis die Flüssigkeit verdunstet ist (2); von Zeit zu Zeit mit einem Holzlöffel umrühren, damit nichts ansetzt. Das Bouquet garni herausnehmen und den Inhalt des Topfes im Mixer fein pürieren (3). Mit Salz und Pfeffer abschmecken. Die Sauce läßt sich im Kühlschrank aufbewahren. Luftdicht verschlossen, hält sie sich dort 5 Tage.

Wird die Sauce nach dem Erhitzen separat gereicht, gibt man kurz vor dem Servieren einen Schuß Olivenöl dazu.

Mandarinensauce *Sauce à la mandarine*

Diese delikate Sauce bezaubert durch ihre Farbe und Wärme und schmeckt besonders gut im Herbst und im Winter. Ihr feines Aroma ist wie geschaffen für pochierten weißfleischigen Fisch.

Für 4 Personen

Zubereitungszeit: 7 Minuten

Garzeit: etwa 20 Minuten

Zutaten:

250 g geschälte Mandarinen, in Segmente zerteilt
150 ml Fischfond (s. S. 13)
150 ml Crème double
2 EL Mandarinenlikör oder Grand Marnier
60 g kalte Butter, gewürfelt
Salz und frisch gemahlener Pfeffer

Die Mandarinenspalten in der Küchenmaschine zerkleinern und anschließend den Fruchtbrei durch ein feinmaschiges Sieb streichen. Den aufgefangenen Mandarinensaft mit dem Fischfond in einen kleinen Topf gießen und die Flüssigkeit bei mittlerer Hitze um die Hälfte reduzieren. Die Crème double und den Likör zugeben und die Sauce einige Minuten sanft köcheln lassen, bis sie an einem eingetauchten Löffel leicht haftet. Anschließend die Sauce durch ein Spitzsieb in einen Topf oder eine Schüssel passieren und gleich die Butter stückchenweise in die noch warme Sauce schlagen; die Sauce soll glatt und glänzend sein. Mit Salz und Pfeffer abschmecken. Die Sauce nicht mehr erhitzen und sofort servieren.

Paupiettes (kleine Rouladen) von Seezunge, gefüllt mit Hummer-Mousse, dazu eine delikate Mandarinensauce.

Petersilien-Nage mit Zitronengras

Nage de persil à la citronnelle

Bei dieser leichten Sauce verbindet sich der frische Geschmack der Petersilie mit einem zarten Zitronenaroma. Sie schmeckt sehr gut zu pochiertem oder gebratenem Fisch und zu Jakobsmuscheln und Scampi.

Zutaten:

100 g glatte Petersilie, Stengel und Blätter grob gehackt
30 g Schalotten, gehackt
1 Stengel Zitronengras, der Länge nach geteilt
300 ml Fischfond (s. S. 13) oder Gemüsefond (s. S. 10)
4 EL Crème double
Saft von 1/2 Zitrone
200 g kalte Butter, gewürfelt
2 EL kleingeschnittene Petersilienblätter
Salz und frisch gemahlener Pfeffer

Für 6 Personen
Zubereitungszeit: 10 Minuten
Garzeit: etwa 30 Minuten

Den Fischfond mit der grob gehackten Petersilie, Schalotten und Zitronengras in einen Topf geben und auf kleiner Flamme 10 Minuten kochen. Das Zitronengras herausnehmen, den Topfinhalt in einen Mixer gießen und 1 Minute fein pürieren.

Das Püree durch ein feinmaschiges Sieb in einen sauberen Topf streichen, die Crème double und den Zitronensaft zugeben und aufkochen. Die Sauce köcheln lassen, bis sie leicht am Löffel haftet. Auf kleinster Flamme die Butter stückchenweise unterschlagen. Die Sauce mit Salz und Pfeffer abschmecken, die kleingeschnittenen Petersilienblätter unterrühren und sofort servieren.

Kressesauce *Sauce cressonnière*

Diese Sauce schmeckt sehr gut zu gegrillten Jakobsmuscheln oder pochierten Austern. Sie ist besonders leicht, fast schon bouillonartig, und wird am besten mit einem Löffel serviert.

Zutaten:

400 g Brunnenkresse
100 g Butter
500 ml Gemüsefond (s. S. 10)
15 g eingelegte grüne Pfefferkörner
Salz und frisch gemahlener Pfeffer

Für 8 Personen
Zubereitungszeit: 15 Minuten
Garzeit: 15 Minuten

Die Stiele großzügig abschneiden und nur die Blätter der Brunnenkresse verwenden. In einem Topf 30 g Butter zerlassen, die Brunnenkresse zugeben und bei schwacher Hitze unter ständigem Rühren 3 Minuten andünsten.

Den Gemüsefond und die grünen Pfefferkörner zugeben, anschließend die Temperatur heraufschalten und alles 10 Minuten kochen. Den Herd ausschalten und die Sauce 10 Minuten ziehen lassen, dann in einer Küchenmaschine 2 Minuten lang aufschlagen. Die Sauce durch ein feinmaschiges Spitzsieb in einen sauberen Topf geben. Zum Passieren eine Schöpfkelle verwenden. Die Sauce erneut aufkochen, dann den Topf vom Herd nehmen und die restliche Butter stückchenweise unterschlagen. Zum Schluß mit Salz und Pfeffer abschmecken.

Thermidor-Sauce *Sauce thermidor*

Diese berühmte Sauce zu Hummer Thermidor wird leider allzuoft nicht gekonnt zubereitet und ist dann natürlich eine Enttäuschung für den Gaumen. Ich serviere diese Sauce am liebsten zu allen Arten von Krustentieren, besonders mit Krabbenfleisch gemischt und anschließend gratiniert. Am Ende der Garzeit sorgt ein Teelöffel voll Cognac für zusätzliches Raffinement.

Zutaten:

Für 6 Personen
Zubereitungszeit: 10 Minuten
Garzeit: etwa 40 Minuten

- *40 g Schalotten, sehr fein gehackt*
- *200 ml Fischfond (s. S. 13)*
- *200 ml trockener Weißwein*
- *300 ml Béchamelsauce (s. S. 58)*
- *100 ml Crème double*
- *1 TL scharfer Dijon-Senf*
- *1 TL englisches Senfpulver, in wenig Wasser aufgelöst*
- *50 g kalte Butter, gewürfelt*
- *Salz und Cayennepfeffer*
- *1 EL kleingeschnittener Estragon*

Schalotten, Fischfond und Wein in einem Topf erhitzen und die Flüssigkeit um zwei Drittel einkochen lassen. Die Béchamelsauce zugeben und bei schwacher Hitze 20 Minuten kochen; dabei alle 5 Minuten die Sauce umrühren. Die Crème double zugießen, 5 Minuten köcheln, dann den Senf unterrühren und weitere 2 Minuten köcheln lassen. Den Herd ausschalten und die Butter stückchenweise unter die kochendheiße Sauce schlagen. Mit Salz und einer kräftigen Prise Cayennepfeffer abschmecken. Zum Schluß den kleingeschnittenen Estragon unterziehen und die Sauce sofort servieren.

Muschelsauce mit Curry *Sauce mouclade d'Aunis*

Diese Sauce paßt ausgezeichnet zu Miesmuscheln, gekocht à la marinière und aus den Schalen gelöst, oder zu pochiertem Kabeljau oder Heilbutt.

Für 6 Personen

Zubereitungszeit: 5 Minuten

Garzeit: etwa 25 Minuten

Zutaten:

50 g Butter

60 g Zwiebeln, fein gehackt

15 g Mehl

5 g Currypulver

500 g Garflüssigkeit von Miesmuscheln und anderen Schaltieren wie Venusmuscheln

1 kleines Bouquet garni (s. S. 9)

150 ml Crème double

Salz und frisch gemahlener Pfeffer

Die Butter in einem Topf zerlassen, die Zwiebeln zugeben und bei schwacher Hitze 3 Minuten andünsten. Das Currypulver (1) und das Mehl (2) mit einem Holzlöffel unterrühren und weitere 3 Minuten kochen, dann die kalte Garflüssigkeit der Muscheln zugießen. Das Bouquet garni zugeben und die Sauce 20 Minuten auf kleinster Flamme kochen, dabei alle 5 Minuten mit einem Holzlöffel umrühren. Die Crème double zugießen (3) und kurz aufkochen lassen, dann das Bouquet garni herausnehmen und die Sauce mit Salz und Pfeffer abschmecken. Sofort servieren.

Für die Muschelsauce mit Curry wird die Garflüssigkeit von Muscheln verwendet.

Garnelensauce *Sauce aux crevettes*

Diese köstliche Sauce harmoniert mit fast jedem Fisch, ob pochiert, gedämpft oder geschmort. Ich verteile sie auch gern über geviertelte hartgekochte Eier. Noch feiner schmeckt sie, wenn man kurz vor dem Servieren 2 Eßlöffel trockenen Sherry unterrührt.

Zutaten:

600 ml kalter Fischfond (s. S. 13)
40 g heißer heller Roux (s. S. 14)
200 ml Crème double
60 g Garnelenbutter (s. S. 23)
60 g gekochte und ausgelöste rosa oder graue Garnelenschwänze
Salz und Cayennepfeffer

Für 6 Personen
Zubereitungszeit: 15 Minuten
Garzeit: etwa 45 Minuten

Den heißen Roux in einen Topf geben und bei mittlerer Hitze den kalten Fischfond mit einem Schneebesen gleichmäßig unterrühren. Sofort nach dem Aufkochen die Temperatur herunterschalten und die Flüssigkeit ungefähr 30 Minuten sanft köcheln lassen, dabei alle 10 Minuten einmal kräftig durchrühren, damit am Topfboden nichts ansetzt. Sobald sich während des Kochens Haut auf der Velouté bildet, diese mit einem Löffel abheben.

Nach 30 Minuten die Crème double zugießen und die Sauce noch einmal 10 Minuten köcheln lassen. Auf kleinster Flamme die Garnelenbutter stückchenweise unterschlagen. Die Sauce mit Salz und Pfeffer abschmecken und mit Cayennepfeffer nachwürzen. Anschließend die Sauce durch ein feinmaschiges Spitzsieb passieren, die Garnelenschwänze zugeben und sofort servieren.

Mangosauce *Sauce à la mangue*

Diese fruchtige Sauce schmeckt sehr erfrischend und ist sicher ideal für ein sommerliches Picknick im Freien. Sie paßt auch gut zu gegrilltem Fisch oder zu Krustentieren wie Hummer oder Scampi.

Zutaten:

1 Mango (etwa 250 g)
50 ml Cognac oder Armagnac
1 kleine Prise Currypulver
7 g eingelegte grüne Pfefferkörner, gut abgetropft
300 ml Fischfond (s. S. 13)
200 ml Crème double
100 g Naturjoghurt
Salz und frisch gemahlener Pfeffer
1 EL kleingeschnittene glatte Petersilie

Für 6 Personen
Zubereitungszeit: 10 Minuten
Garzeit: etwa 40 Minuten

Die Mango mit einem scharfen Küchenmesser schälen und das saftige Fruchtfleisch rund um den Kern mit einem scharfen Messer ablösen. Das Fruchtfleisch zusammen mit dem Alkohol, dem Currypulver und den grünen Pfefferkörnern in einen Topf geben und 5 Minuten köcheln lassen. Mit dem Fischfond aufgießen und bei schwacher Hitze 20 Minuten sanft köcheln. Die Crème double zugeben und weitere 5 Minuten kochen, dann den Herd ausschalten und den Joghurt unterrühren.

Die Sauce in einen Mixer geben und 30 Sekunden aufschlagen, anschließend durch ein feinmaschiges Spitzsieb passieren und mit Salz und Pfeffer abschmecken. Die Sauce sofort servieren oder im (nicht zu heißen) Wasserbad warm halten. Die Petersilie erst kurz vor dem Servieren unterrühren.

Sauternes-Sauce mit Pistazien

Sauce au Sauternes et aux pistaches

Diese Sauce serviere ich gern zu gedämpften Filets von Seezunge, Lachs oder Steinbutt.

Zutaten:
20 g Butter
150 g Champignons, fein geschnitten
300 ml Sauternes, Barsac oder ein vergleichbarer süßer Weißwein
600 ml Fischfond (s. S. 13)
75 g heller Roux (s. S. 14), abgekühlt
80 g Pistazienbutter (s. S. 25)
150 ml Crème double
Salz und frisch gemahlener Pfeffer

Für 6 Personen
Zubereitungszeit: 10 Minuten
Garzeit: etwa 40 Minuten

Die Butter in einem Topf zerlassen, die Pilze zugeben und 2 Minuten darin andünsten. Mit dem Weißwein aufgießen und die Flüssigkeit um ein Drittel einkochen, dann den Fischfond zugießen und alles zum Kochen bringen. Nach dem Aufkochen den abgekühlten hellen Roux nach und nach unterrühren (1). Die Sauce 30 Minuten sanft köcheln lassen, dabei alle 10 Minuten kräftig durchrühren und die Oberfläche abschäumen. Crème double zugießen und die Sauce leicht cremig einkochen, anschließend die Pistazienbutter stückchenweise unterschlagen (2). Sobald die Butter eingearbeitet ist, den Topf vom Herd nehmen, die Sauce abschmecken und durch ein Sieb passieren. Sofort servieren.

Matelote-Sauce *Sauce matelote*

Diese Sauce paßt sehr gut zu gebratener Forelle, Merlan, Seeteufel und vielen anderen Fischen.

Zutaten:
250 ml Fischfond (s. S. 13)
50 g kleine Champignons, feinblättrig geschnitten
400 ml Fisch-Velouté (s. S. 13)
50 g kalte Butter, gewürfelt
Salz und Cayennepfeffer

Für 4 Personen
Zubereitungszeit: 5 Minuten
Garzeit: etwa 20 Minuten

Den Fischfond mit den Pilzen in einen Topf geben und die Flüssigkeit bei mittlerer Hitze um die Hälfte einkochen. Die Fisch-Velouté zugeben und die Sauce 10 Minuten sanft köcheln lassen, anschließend durch ein Sieb in einen sauberen Topf abseihen und nicht mehr erhitzen. Die kalte Butter stückchenweise unterschlagen. Die Sauce mit Salz und Cayennepfeffer abschmecken und sofort servieren.

Gebratener Seebarsch und Sauternes-Sauce mit Pistazien.

Meeresalgensauce *Sauce iodée*

In dieser Sauce ist der Geschmack des Meeres wunderbar eingefangen. Sie paßt sehr gut zu geschmortem Fisch, wie Stein- oder Heilbutt, oder zu einer Fischpastete.

Zutaten:

20 g Butter
40 g Schalotten, gehackt
150 ml trockener Weißwein
200 ml Fischfond (s. S. 13)
20 g Gewürzmischung, gemahlen, aus gleichen Teilen von Lavendelsamen, Dillsamen, Lindenblüten, Wacholderbeeren, Korianderkörnern, roten Chillies und Zitronengras
6 Blätter getrocknete Algen (z. B. Nori oder Kombu)
200 ml Crème double
6 mittelgroße Austern, aus der Schale gelöst, mit dem Austernwasser
Salz und frisch gemahlener Pfeffer

Für 6 Personen
Zubereitungszeit: 5 Minuten
Garzeit: etwa 25 Minuten

Die Butter in einem Topf zerlassen und die Schalotten darin 1 Minute andünsten. Mit dem Fischfond und dem Wein aufgießen, die Gewürzmischung und die Algen zugeben und die Flüssigkeit bei mittlerer Hitze um die Hälfte einkochen. Die Crème double mit Austern und Austernwasser zugeben und die Sauce 5 Minuten köcheln lassen.

Den Inhalt des Topfes in einen Mixer geben und 1 Minute aufschlagen. Die Sauce durch ein feinmaschiges Spitzsieb in einen sauberen kleinen Topf seihen, mit Salz und Pfeffer abschmecken und möglichst sofort servieren oder einige Minuten im Wasserbad warm halten.

Austernsauce mit Himbeeren

Sauce aux huitres au parfum de framboises

Mit kurz pochierten Austern ist diese fruchtige Sauce ein ganz besonderer Genuß.

Zutaten:

Für 6 Personen

Zubereitungszeit: 5 Minuten

Garzeit: etwa 12 Minuten

30 g Schalotten, gehackt
18 reife Himbeeren
20 g feinkörniger Zucker
50 ml Himbeeressig
8 mittelgroße Austern, aus der Schale gelöst, mit dem Austernwasser
200 ml Crème double
Salz und frisch gemahlener Pfeffer

Schalotten, Himbeeren und Zucker in einem kleinen Topf vermischen und bei milder Hitze 3–4 Minuten unter Rühren zu marmeladenähnlicher Konsistenz einkochen. Den Essig zugießen, 3 Minuten köcheln lassen, dann die Austern mit dem Austernwasser und die Crème double zugeben und 5 Minuten sanft köcheln. Die Sauce in einen Mixer geben und fein pürieren, anschließend durch ein feinmaschiges Sieb in einen sauberen Topf passieren. Mit Salz und Pfeffer abschmecken und die Sauce sofort servieren.

Normannische Sauce *Sauce normande*

Eine klassische Sauce, die herrlich zu jedem Fisch mit weißem Fleisch schmeckt.

Zutaten:

Für 6 Personen

Zubereitungszeit: 15 Minuten

Garzeit: etwa 35 Minuten

30 g Butter
100 g kleine Champignons, feinblättrig geschnitten
1 Zweig frischer Thymian
60 g heißer weißer Roux (s. S. 14)
500 ml kalter Fischfond (s. S. 13)
200 ml Crème double
3 Eigelb
Saft von 1/2 Zitrone
Salz und frisch gemahlener weißer Pfeffer

Die Butter bei schwacher Hitze in einem Topf zerlassen, die Pilze und den Thymian zugeben und 2 Minuten andünsten. Den heißen Roux unterrühren, dann mit dem Fischfond aufgießen. Das Ganze mit einem Schneebesen sorgfältig verrühren und zum Kochen bringen. Nach dem Aufkochen 20 Minuten sanft köcheln lassen, dabei alle 5 Minuten kurz durchrühren. Die Crème double mit dem Eigelb mischen und unterrühren, den Zitronensaft zugeben und die Sauce nochmals 10 Minuten köcheln lassen. Abschmecken, durch ein Sieb passieren und sofort servieren.

Hollandaise mit roter Butter
Sauce hollandaise au beurre rouge

Diese köstliche Sauce paßt sehr gut zu gegrilltem Hummer oder zu einem gebratenen Kabeljaufilet, garniert mit Scampischwänzen und geschmorten Austernseitlingen.

Zutaten:
1 Rezept Hollandaise (s. S. 49), zubereitet mit 150 g geklärter Butter
200 g Scampibutter (s. S. 24)
5 g frischer Ingwer, fein gerieben
50 ml Schlagsahne, mit dem Saft von ½ Zitrone halbsteif geschlagen
Salz und frisch gemahlener Pfeffer

Für 6 Personen
Zubereitungszeit: 5 Minuten
Garzeit: 12–15 Minuten

Die Hollandaise nach Rezeptanweisung zubereiten und nach und nach erst die 150 g geklärte Butter, dann die Scampibutter unterschlagen. Den Zitronensaft und den Ingwer wie angegeben zufügen. Die Zitronensahne behutsam unterheben, die Sauce mit Salz und Pfeffer abschmecken und sofort servieren.

Hollandaise mit Fischfond *Sauce hollandaise au fumet de poisson*

Diese Sauce schmeckt wunderbar zu gebratenem oder gegrilltem Stein- oder Heilbutt. Etwas Kochflüssigkeit von Schaltieren, vor dem Einkochen an den Fond gegeben, verfeinert die Sauce ganz besonders.

Zutaten:
100 ml Fischfond (s. S. 13)
1 Rezept Hollandaise (s. S. 49)
1 EL kleingeschnittener Dill
50 g Schlagsahne, leicht geschlagen
Salz und frisch gemahlener Pfeffer

Für 6 Personen
Zubereitungszeit: 5 Minuten
Garzeit: etwa 20 Minuten

Den Fischfond in einen kleinen Topf gießen und bei schwacher Hitze auf die Menge von ungefähr 2 EL einkochen lassen. Diese Reduktion unter die vorbereitete Hollandaise schlagen, dann den Zitronensaft, wie im Rezept angegeben, den kleingeschnittenen Dill und die leicht geschlagene Sahne unterrühren. Die Sauce mit Salz und Pfeffer abschmecken und sofort servieren.

Mousselinesauce *Sauce mousseline*

Diese köstliche Abwandlung der Hollandaise paßt ausgezeichnet zu pochiertem oder gedämpftem Fisch oder zu Spargel. In der Trüffel-Saison kann man die Sauce mit ein paar Trüffelsplittern verfeinern.

Zutaten:

1 Rezept Hollandaise (s. S. 49)
75 ml Schlagsahne, leicht geschlagen
Salz und frisch gemahlener Pfeffer

Zubereitungszeit: 5 Minuten
Garzeit: 12–15 Minuten

Kurz vor dem Servieren den Zitronensaft, wie im Rezept angegeben, unter die Hollandaise rühren und die geschlagene Sahne gleichmäßig unterheben. Mit Salz und Pfeffer abschmecken und sofort servieren.

Malteser Sauce *Sauce maltaise*

Diese weltberühmte Variante der Hollandaise serviere ich gern zu al dente gekochten Zuckererbsen, vermischt mit Orangenspalten und Spargel. Die Malteser Sauce paßt auch sehr gut zu pochierter Lachsforelle.

Zutaten:

Saft von 1 großen oder 2 kleinen unbehandelten Blutorangen
Schale der Orange, sehr fein gehackt, blanchiert, mit kaltem Wasser abgeschreckt und gut abgetropft
1 Rezept Hollandaise (s. S. 49)
Salz und frisch gemahlener Pfeffer

Für 6 Personen
Zubereitungszeit: 5 Minuten
Garzeit: 12–15 Minuten

Den Orangensaft in einen kleinen Topf gießen und bei schwacher Hitze um ein Drittel einkochen, dann die Orangenzesten zugeben und den Topf vom Herd nehmen. Kurz vor dem Servieren den Zitronensaft nach Rezeptanweisung zusammen mit dem reduzierten Orangensaft und den Zesten unter die Hollandaise rühren. Mit Salz und Pfeffer abschmecken und sofort servieren.

Biersauce *Sauce à la bière*

Diese Sauce ist ideal zu geschmorten Steaks von Steinbutt oder Dornhai. Ein Eßlöffel von der Schmorflüssigkeit der Fische, kurz vor dem Servieren untergerührt, belebt den Geschmack der Sauce.

Für 4 Personen

Zubereitungszeit: 5 Minuten

Garzeit: etwa 15 Minuten

Zutaten:

60 g Schalotten, in hauchdünne Ringe geschnitten
1 kleines Bouquet garni (s. S. 9)
4 Wacholderbeeren, zerdrückt
300 ml helles Bier, nicht zu bitter
200 ml Crème double
60 g kalte Butter, gewürfelt
1/2 EL kleingeschnittene glatte Petersilie
Salz und frisch gemahlener Pfeffer

Die Schalotten mit dem Bouquet garni und den Wacholderbeeren in einen Topf geben, das Bier zugießen (1) und die Flüssigkeit bei mittlerer Hitze um zwei Drittel einkochen (2). Die Crème double zugießen (3) und 5 Minuten köcheln lassen, bis die Sauce leicht am Löffel haftet (4). Falls sie zu dünn ist, noch einige Minuten weiterkochen lassen. Die Crème double durch ein Spitzsieb gießen, die Butter stückchenweise unterschlagen (5) und zuletzt die Petersilie unterrühren (6). Mit Salz und Pfeffer abschmecken.

Weiße Buttersauce mit Sahne *Beurre blanc à la crème*

Wie alle weißen Buttersaucen muß auch diese mit erstklassiger, ungesalzener Butter zubereitet werden. Diese feine Sauce erfordert jedoch keinen großen Arbeitsaufwand und paßt sehr gut zu fast jedem pochierten Fisch.

Zutaten:

100 ml Weißweinessig
60 g Schalotten, fein gehackt
2 EL Wasser
50 ml Crème double
200 g kalte Butter, gewürfelt
Salz und frisch gemahlener Pfeffer

Für 6 Personen
Zubereitungszeit: 10 Minuten
Garzeit: etwa 15 Minuten

Essig, Schalotten und Wasser in einen kleinen, schweren Topf geben und die Flüssigkeit bei schwacher Hitze um zwei Drittel einkochen. Die Crème double zugießen und die Flüssigkeit nochmals um ein Drittel reduzieren. Bei milder Hitze die kalte Butter in Stückchen mit einem Schneebesen oder einem Holzlöffel unterschlagen. Wichtig ist, daß die Sauce beim Aufschlagen konstant auf einer Temperatur von knapp 90 °C gehalten wird; sie darf auf keinen Fall kochen. Die fertige Sauce mit Salz und Pfeffer abschmecken und sofort servieren.

Rote Buttersauce mit Sahne: Die Beurre rouge ist eine Abwandlung des Grundrezeptes. Statt Weißweinessig wird die gleiche Menge Rotweinessig verwendet.

Weiße Buttersauce mit Champagner

Beurre blanc au Champagne

Eine wundervolle Saucenkreation zu einem pochierten ganzen Fisch, wie Petersfisch oder Steinbutt.

Zutaten:

50 ml Champagner-Essig
60 g Schalotten, fein gehackt
1 Zweig frischer Thymian
100 ml Champagner brut
60 g kleine Champignons, fein gewürfelt
250 g kalte Butter, gewürfelt
Salz und frisch gemahlener weißer Pfeffer

Für 6 Personen
Zubereitungszeit: 10 Minuten
Garzeit: etwa 20 Minuten

Essig, Schalotten und Thymian in einen kleinen schweren Topf geben und die Flüssigkeit bei schwacher Hitze um die Hälfte einkochen. Den Champagner und die Pilze zugeben und auf kleiner Flamme weiterkochen lassen, bis die Flüssigkeit erneut um die Hälfte reduziert ist. Den Thymianzweig herausnehmen. Bei schwacher Hitze die Butter stückchenweise unterschlagen. Während des Aufschlagens darf die Sauce nicht kochen. Die Buttersauce mit Salz und Pfeffer abschmecken und sofort servieren.

Weiße Buttersauce mit Cidre *Beurre blanc au Cidre*

Ich serviere diese Sauce mit Vorliebe zu gegrillten Jakobsmuscheln oder zu pochierter Seezunge.

Zutaten:

80 ml Cidre-Essig
60 g Schalotten, fein gehackt
100 ml Cidre doux
50 g Tafeläpfel, vorzugsweise Cox Orange, geschält und fein gerieben
250 g kalte Butter, gewürfelt
Salz und frisch gemahlener Pfeffer

Für 6 Personen
Zubereitungszeit: 10 Minuten
Garzeit: 15 Minuten

Den Essig und die Schalotten in einen kleinen schweren Topf geben und die Flüssigkeit bei schwacher Hitze um die Hälfte einkochen. Den Cidre und den geriebenen Apfel hinzufügen und die Flüssigkeit erneut um ein Drittel reduzieren. Bei schwacher Hitze die Butter stückchenweise mit einem Schneebesen oder einem kleinen Holzlöffel unterrühren. Die Buttersauce darf während des Aufschlagens auf keinen Fall kochen. Die fertige Sauce mit Salz und Pfeffer abschmecken und sofort servieren.

Weiße Buttersauce mit Cidre zu Jakobsmuscheln.

Paprika-Sabayon *Sabayon au poivron rouge*

Diese pikante Sauce serviere ich zu pochierten Eiern auf Pilaw-Reis oder zu Blumenkohl und Spargel. Nicht minder köstlich schmeckt sie zu gegrilltem Fisch, insbesondere zu Escalopes von Lachs.

Zutaten:

300 g rote Paprikaschoten
200 ml Gemüsefond (s. S. 10)
1 kleiner Zweig frischer Thymian
4 Eigelb
60 g kalte Butter, gewürfelt
Salz und frisch gemahlener Pfeffer

Für 4 Personen
Zubereitungszeit: 10 Minuten
Garzeit: etwa 25 Minuten

Die Paprikaschoten längs halbieren und den Stielansatz, die Kerne und die weißlichen Rippen entfernen. Die Paprikahälften grob hacken, zusammen mit dem Fond und dem Thymian in einen kleinen Topf geben (1) und 15 Minuten sanft köcheln lassen. Den Topfinhalt 1 Minute im Mixer pürieren. Das Püree durch ein feinmaschiges Spitzsieb in einen kleinen, sauberen Topf passieren und abkühlen lassen, dann das Eigelb unterrühren (2). Den Topf ins Wasserbad stellen und die Sauce mit dem Schneebesen oder einem Handmixer schaumig aufschlagen (3). Die Butter stückchenweise unterschlagen (4), den Sabayon mit Salz und Pfeffer abschmecken und sofort servieren.

Rechts: Die Paprikaschoten längs halbieren.

Béchamelsauce *Sauce béchamel*

Diese klassische weiße Sauce paßt zu einer Vielzahl von Gerichten. Sie eignet sich hervorragend zum Gratinieren. Wie Hollandaise, Mayonnaise oder Crème anglaise gehört auch die Sauce béchamel zu den Grundsaucen, die sich beliebig abwandeln lassen.

Zutaten:

500 ml Milch
120 g Roux blanc (s. S. 14), abgekühlt
Frisch geriebene Muskatnuß
Salz und frisch gemahlener weißer Pfeffer

Für 4 Personen
Zubereitungszeit: 5 Minuten
Garzeit: etwa 25 Minuten

Den abgekühlten Roux blanc in einen kleinen, möglichst schweren Topf geben. Die Milch in einem weiteren Topf aufkochen und mit einem Schneebesen oder Holzspatel unter die Mehlschwitze rühren. Diese Mischung bei schwacher Hitze zum Kochen bringen und dabei ständig weiterrühren. Sobald der Siedepunkt erreicht ist, die Hitzezufuhr reduzieren und die Sauce etwa 20 Minuten unter Rühren sanft köcheln lassen (1).

Die Sauce mit Salz, weißem Pfeffer und etwas Muskatnuß (2) abschmecken, dann durch ein Spitzsieb abseihen (3). Die Sauce danach entweder sofort servieren oder im Wasserbad warm halten. In diesem Fall einige Butterflöckchen auf der Oberfläche der warmen Sauce verteilen, damit sich keine Haut bildet (4).

Luftdicht verschlossen hält sich die Béchamelsauce im Kühlschrank maximal 4 Tage.

Die Béchamelsauce bildet die Grundlage unzähliger anderer Saucen.

Kokos-Chili-Sauce *Sauce à la noix de coco et aux piments*

Diese pikant-würzige Sauce serviert man am besten zu Bandnudeln oder pochiertem Fisch.

Für 8 Personen

Zubereitungszeit: 10 Minuten

Garzeit: 25 Minuten

Zutaten:

30 g Butter, 25 g Mehl

400 ml Kokosmilch aus der Dose

Frisch geriebene Muskatnuß

Salz und frisch gemahlener Pfeffer

2 Knoblauchzehen, zerdrückt oder fein gehackt

1 EL Sojasauce

100 g Butter

10 g kleine scharfe rote Chilischoten, entkernt und fein gehackt

20 g scharfe grüne Jalapeño-Chillies, entkernt und fein gehackt

250 g kleine geschälte Garnelen oder Riesengarnelen (nach Belieben)

Zuerst die Béchamelsauce zubereiten. Dafür 30 g Butter in einem kleinen Topf zerlassen, das Mehl unterrühren und unter kräftigem Rühren mit einem Schneebesen 2 Minuten auf kleiner Flamme andünsten. Die Kokosmilch zugießen, aufkochen lassen, dann sofort mit Muskat, Salz und Pfeffer würzen und 20 Minuten unter ständigem Rühren sanft köcheln. Den Topf vom Herd nehmen und die Sojasauce und den Knoblauch unterrühren.

In einem anderen kleinen Topf 100 g Butter langsam erhitzen, bis sie goldbraun geworden ist und ein nussiges Aroma angenommen hat. Die gehackten Chillies hinzufügen (1) und kurz darin schwenken, dann die Mischung zur Kokos-Béchamel geben und zu einer glatten Sauce verrühren (2). Gegebenenfalls die Sauce mit Salz und Pfeffer abschmecken und zum Schluß, falls gewünscht, die Garnelen unterrühren (3). Die Sauce heiß servieren.

Senfsauce mit Weißwein *Sauce moutarde au vin blanc*

Diese Sauce paßt perfekt zu pochiertem festfleischigem Fisch.

Zutaten:

30 g Butter
80 g Champignons, fein geschnitten
60 g Schalotten, fein gehackt
1 Prise Currypulver
1 EL Cognac oder Armagnac
200 ml trockener Weißwein
1 kleines Bouquet garni (s. S. 10)
200 ml Fischfond (s. S. 13)
300 ml Crème double
1 TL englisches Senfpulver, aufgelöst in wenig Wasser
2 EL körniger Senf
Salz und frisch gemahlener Pfeffer

Für 4 Personen
Zubereitungszeit: 10 Minuten
Garzeit: etwa 40 Minuten

Die Butter in einem Topf zerlassen, die Pilze und die Schalotten hinzufügen und 1 Minute andünsten (1). Das Currypulver unterrühren und Cognac und Wein zugießen (2). Zum Kochen bringen, das Bouquet garni hinzufügen und die Flüssigkeit um ein Drittel reduzieren. Mit dem Fischfond aufgießen, 5 Minuten köcheln lassen, Crème double und aufgelöstes Senfpulver zugeben (2) und die Sauce sämig einkochen, bis sie leicht am Löffel haftet (3). Das Kräutersträußchen herausnehmen, die Sauce abschmecken und durch ein Spitzsieb passieren. Den körnigen Senf unterrühren (4) und die Sauce sofort servieren.

Mornay-Sauce *Sauce Mornay*

Mit dieser Käsesauce kann man pochierte Eier, Fisch und Gemüse oder helles Fleisch nappieren und dann im Ofen goldbraun gratinieren. Makkaroni ergeben mit dieser Sauce ein köstliches Gratin.

Zutaten:

1 Rezept kochendheiße Béchamelsauce *(s. S. 58)*
50 ml Crème double, verquirlt mit 3 Eigelb
100 g Emmentaler, Gruyère oder Cheddar, fein gerieben
Salz und frisch gemahlener Pfeffer

Für 4 Personen
Zubereitungszeit: 5 Minuten
Garzeit: etwa 2 Minuten

Die Eigelbmischung in die kochendheiße Béchamelsauce geben und 1 Minute unter kräftigem Rühren köcheln lassen. Den Herd ausschalten und den geriebenen Käse mit einem Holzlöffel unterrühren. Die Sauce mit Salz und Pfeffer abschmecken.

Weiße Bordelaiser Sauce oder Bonnefoy-Sauce

Sauce bordelaise blanche ou Bonnefoy

Diese kräftige, aber nicht zu dominante Sauce paßt sehr gut zu Fischen mit dezentem Aroma, zum Beispiel zu Merlan, Limande, Zuchtforelle oder Dornhai.

Zutaten:

300 ml trockener Weißwein
30 ml Cognac
60 g Schalotten, fein gehackt
1 Bouquet garni *(s. S. 9)*
400 ml Fisch-Velouté *(s. S. 13)*
40 g kalte Butter, gewürfelt
1 EL kleingeschnittene Estragonblätter
Salz und frisch gemahlener Pfeffer

Für 4 Personen
Zubereitungszeit: 5 Minuten
Garzeit: etwa 30 Minuten

Den Wein mit dem Cognac, den Schalotten und dem Bouquet garni in einen Topf geben und die Flüssigkeit bei starker Hitze auf ein Drittel reduzieren. Die Fisch-Velouté zugießen und die Sauce 20 Minuten sanft köcheln lassen, falls nötig, hin und wieder abschäumen. Die Sauce durch ein feinmaschiges Spitzsieb in einen sauberen Topf abseihen, dann die Butter stückchenweise unterschlagen. Die Sauce mit Salz und Pfeffer abschmecken, den Estragon unterrühren und sofort servieren.